2020-2021
academic weekly planner

THIS PLANNER BELONGS TO:

_____

PRETTY SIMPLE PLANNERS

Want free goodies?!

Email us at

● prettysimplebooks@gmail.com ●

Title the email "Navy Floral Planner!"
and let us know that you purchased
a Pretty Simple Planner!

Find us on Instagram!

@prettysimplebooks

Questions & Customer Service:
Email us at prettysimplebooks@gmail.com!

Year in Review

JULY

Su	Mo	Tu	We	Th	Fr	Sa
			1	2	3	4
5	6	7	8	9	10	11
12	13	14	15	16	17	18
19	20	21	22	23	24	25
26	27	28	29	30	31	

AUGUST

Su	Mo	Tu	We	Th	Fr	Sa
						1
2	3	4	5	6	7	8
9	10	11	12	13	14	15
16	17	18	19	20	21	22
23	24	25	26	27	28	29
30	31					

SEPTEMBER

Su	Mo	Tu	We	Th	Fr	Sa
		1	2	3	4	5
6	7	8	9	10	11	12
13	14	15	16	17	18	19
20	21	22	23	24	25	26
27	28	29	30			

OCTOBER

Su	Mo	Tu	We	Th	Fr	Sa
				1	2	3
4	5	6	7	8	9	10
11	12	13	14	15	16	17
18	19	20	21	22	23	24
25	26	27	28	29	30	31

NOVEMBER

Su	Mo	Tu	We	Th	Fr	Sa
1	2	3	4	5	6	7
8	9	10	11	12	13	14
15	16	17	18	19	20	21
22	23	24	25	26	27	28
29	30					

DECEMBER

Su	Mo	Tu	We	Th	Fr	Sa
		1	2	3	4	5
6	7	8	9	10	11	12
13	14	15	16	17	18	19
20	21	22	23	24	25	26
27	28	29	30	31		

JANUARY

Su	Mo	Tu	We	Th	Fr	Sa
					1	2
3	4	5	6	7	8	9
10	11	12	13	14	15	16
17	18	19	20	21	22	23
24	25	26	27	28	29	30
31						

FEBRUARY

Su	Mo	Tu	We	Th	Fr	Sa
	1	2	3	4	5	6
7	8	9	10	11	12	13
14	15	16	17	18	19	20
21	22	23	24	25	26	27
28						

MARCH

Su	Mo	Tu	We	Th	Fr	Sa
	1	2	3	4	5	6
7	8	9	10	11	12	13
14	15	16	17	18	19	20
21	22	23	24	25	26	27
28	29	30	31			

APRIL

Su	Mo	Tu	We	Th	Fr	Sa
				1	2	3
4	5	6	7	8	9	10
11	12	13	14	15	16	17
18	19	20	21	22	23	24
25	26	27	28	29	30	

MAY

Su	Mo	Tu	We	Th	Fr	Sa
						1
2	3	4	5	6	7	8
9	10	11	12	13	14	15
16	17	18	19	20	21	22
23	24	25	26	27	28	29
30	31					

JUNE

Su	Mo	Tu	We	Th	Fr	Sa
		1	2	3	4	5
6	7	8	9	10	11	12
13	14	15	16	17	18	19
20	21	22	23	24	25	26
27	28	29	30			

July 2020

SUNDAY	MONDAY	TUESDAY	WEDNESDAY
			1
5	6	7	8
12	13	14	15
19	20	21	22
National Ice Cream Day			
26	27	28	29

THURSDAY	FRIDAY	SATURDAY	NOTES
2	3	4 INDEPENDENCE DAY	
9	10	11	
16	17	18	
23	24	25	
30	31		

◤ MON · JUNE 29, 2020

_____

- ○ _____
- ○ _____
- ○ _____
- ○ _____
- ○ _____
- ○ _____
- ○ _____
- ○ _____
- ○ _____
- ○ _____
- ○ _____

◤ TUE · JUNE 30, 2020

_____

- ○ _____
- ○ _____
- ○ _____
- ○ _____
- ○ _____
- ○ _____
- ○ _____
- ○ _____
- ○ _____
- ○ _____
- ○ _____

◤ WED · JULY 1, 2020

_____

- ○ _____
- ○ _____
- ○ _____
- ○ _____
- ○ _____
- ○ _____
- ○ _____
- ○ _____
- ○ _____
- ○ _____
- ○ _____

■ THU · JULY 2, 2020

○
○
○
○
○
○
○
○
○
○
○

■ FRI · JULY 3, 2020

○
○
○
○
○
○
○
○
○
○
○

■ SAT · JULY 4, 2020

■ SUN · JULY 5, 2020

INDEPENDENCE DAY

MON · JULY 6, 2020

- ○
- ○
- ○
- ○
- ○
- ○
- ○
- ○
- ○
- ○
- ○

TUE · JULY 7, 2020

- ○
- ○
- ○
- ○
- ○
- ○
- ○
- ○
- ○
- ○
- ○

WED · JULY 8, 2020

- ○
- ○
- ○
- ○
- ○
- ○
- ○
- ○
- ○
- ○
- ○

THU · JULY 9, 2020

- ○
- ○
- ○
- ○
- ○
- ○
- ○
- ○
- ○
- ○
- ○
- ○

FRI · JULY 10, 2020

- ○
- ○
- ○
- ○
- ○
- ○
- ○
- ○
- ○
- ○
- ○

SAT · JULY 11, 2020

SUN · JULY 12, 2020

MON · JULY 13, 2020 _____

_____   ○ _____
_____   ○ _____
_____   ○ _____
_____   ○ _____
_____   ○ _____
_____   ○ _____
_____   ○ _____
_____   ○ _____
_____   ○ _____
_____   ○ _____
_____   ○ _____
                               ○ _____

TUE · JULY 14, 2020 _____

_____   ○ _____
_____   ○ _____
_____   ○ _____
_____   ○ _____
_____   ○ _____
_____   ○ _____
_____   ○ _____
_____   ○ _____
_____   ○ _____
_____   ○ _____
_____   ○ _____
                               ○ _____

WED · JULY 15, 2020 _____

_____   ○ _____
_____   ○ _____
_____   ○ _____
_____   ○ _____
_____   ○ _____
_____   ○ _____
_____   ○ _____
_____   ○ _____
_____   ○ _____
_____   ○ _____
_____   ○ _____

■ THU · JULY 16, 2020

_____

- ○ _____
- ○ _____
- ○ _____
- ○ _____
- ○ _____
- ○ _____
- ○ _____
- ○ _____
- ○ _____
- ○ _____
- ○ _____

■ FRI · JULY 17, 2020

_____

- ○ _____
- ○ _____
- ○ _____
- ○ _____
- ○ _____
- ○ _____
- ○ _____
- ○ _____
- ○ _____
- ○ _____
- ○ _____

■ SAT · JULY 18, 2020

■ SUN · JULY 19, 2020

■ MON · JULY 20, 2020 _____

_____   ○ _____
_____   ○ _____
_____   ○ _____
_____   ○ _____
_____   ○ _____
_____   ○ _____
_____   ○ _____
_____   ○ _____
_____   ○ _____
_____   ○ _____
_____   ○ _____
_____   ○ _____

■ TUE · JULY 21, 2020 _____

_____   ○ _____
_____   ○ _____
_____   ○ _____
_____   ○ _____
_____   ○ _____
_____   ○ _____
_____   ○ _____
_____   ○ _____
_____   ○ _____
_____   ○ _____
_____   ○ _____
_____   ○ _____

■ WED · JULY 22, 2020 _____

_____   ○ _____
_____   ○ _____
_____   ○ _____
_____   ○ _____
_____   ○ _____
_____   ○ _____
_____   ○ _____
_____   ○ _____
_____   ○ _____
_____   ○ _____
_____   ○ _____
_____   ○ _____

◤ THU • JULY 23, 2020

_____

○ _____
○ _____
○ _____
○ _____
○ _____
○ _____
○ _____
○ _____
○ _____
○ _____
○ _____

◤ FRI • JULY 24, 2020

_____

○ _____
○ _____
○ _____
○ _____
○ _____
○ _____
○ _____
○ _____
○ _____
○ _____
○ _____

◤ SAT • JULY 25, 2020

◤ SUN • JULY 26, 2020

▰ MON · JULY 27, 2020

_____

- _____
- _____
- _____
- _____
- _____
- _____
- _____
- _____
- _____
- _____
- _____
- _____

▰ TUE · JULY 28, 2020

_____

- _____
- _____
- _____
- _____
- _____
- _____
- _____
- _____
- _____
- _____
- _____

▰ WED · JULY 29, 2020

_____

- _____
- _____
- _____
- _____
- _____
- _____
- _____
- _____
- _____
- _____
- _____

▰ THU · JULY 30, 2020

_____   ○ _____
_____   ○ _____
_____   ○ _____
_____   ○ _____
_____   ○ _____
_____   ○ _____
_____   ○ _____
_____   ○ _____
_____   ○ _____
_____   ○ _____
_____   ○ _____

▰ FRI · JULY 31, 2020

_____   ○ _____
_____   ○ _____
_____   ○ _____
_____   ○ _____
_____   ○ _____
_____   ○ _____
_____   ○ _____
_____   ○ _____
_____   ○ _____
_____   ○ _____
_____   ○ _____

▰ SAT · AUGUST 1, 2020

▰ SUN · AUGUST 2, 2020

August 2020

SUNDAY	MONDAY	TUESDAY	WEDNESDAY
2	3	4	5
9 Book Lover's Day	10	11	12
16 Tell a Joke Day	17	18	19
23 30	24 31	25	26 National Dog Day

> The secret of getting ahead is getting started.
> – Mark Twain

THURSDAY	FRIDAY	SATURDAY	NOTES
		1	
6 *Root Beer Float Day*	7	8	
13	14	15	
20	21	22	
27	28	29	

MON · AUGUST 3, 2020

_____

- ◯ _____
- ◯ _____
- ◯ _____
- ◯ _____
- ◯ _____
- ◯ _____
- ◯ _____
- ◯ _____
- ◯ _____
- ◯ _____
- ◯ _____

TUE · AUGUST 4, 2020

_____

- ◯ _____
- ◯ _____
- ◯ _____
- ◯ _____
- ◯ _____
- ◯ _____
- ◯ _____
- ◯ _____
- ◯ _____
- ◯ _____
- ◯ _____

WED · AUGUST 5, 2020

_____

- ◯ _____
- ◯ _____
- ◯ _____
- ◯ _____
- ◯ _____
- ◯ _____
- ◯ _____
- ◯ _____
- ◯ _____
- ◯ _____
- ◯ _____

◤ THU · AUGUST 6, 2020

_____
_____
_____
_____
_____
_____
_____
_____
_____
_____
_____
_____

○ _____
○ _____
○ _____
○ _____
○ _____
○ _____
○ _____
○ _____
○ _____
○ _____
○ _____

◤ FRI · AUGUST 7, 2020

_____
_____
_____
_____
_____
_____
_____
_____
_____
_____
_____
_____

○ _____
○ _____
○ _____
○ _____
○ _____
○ _____
○ _____
○ _____
○ _____
○ _____
○ _____

◤ SAT · AUGUST 8, 2020

_____
_____
_____
_____
_____
_____
_____
_____
_____

◤ SUN · AUGUST 9, 2020

_____
_____
_____
_____
_____
_____
_____
_____
_____

MON · AUGUST 10, 2020

_____

- ○ _____
- ○ _____
- ○ _____
- ○ _____
- ○ _____
- ○ _____
- ○ _____
- ○ _____
- ○ _____
- ○ _____
- ○ _____

TUE · AUGUST 11, 2020

_____

- ○ _____
- ○ _____
- ○ _____
- ○ _____
- ○ _____
- ○ _____
- ○ _____
- ○ _____
- ○ _____
- ○ _____
- ○ _____

WED · AUGUST 12, 2020

_____

- ○ _____
- ○ _____
- ○ _____
- ○ _____
- ○ _____
- ○ _____
- ○ _____
- ○ _____
- ○ _____
- ○ _____
- ○ _____

THU · AUGUST 13, 2020

_____

- _____
- _____
- _____
- _____
- _____
- _____
- _____
- _____
- _____
- _____
- _____

FRI · AUGUST 14, 2020

_____

- _____
- _____
- _____
- _____
- _____
- _____
- _____
- _____
- _____
- _____
- _____

SAT · AUGUST 15, 2020

SUN · AUGUST 16, 2020

MON · AUGUST 17, 2020 _____

_____   ○ _____
_____   ○ _____
_____   ○ _____
_____   ○ _____
_____   ○ _____
_____   ○ _____
_____   ○ _____
_____   ○ _____
_____   ○ _____
_____   ○ _____
_____   ○ _____

TUE · AUGUST 18, 2020 _____

_____   ○ _____
_____   ○ _____
_____   ○ _____
_____   ○ _____
_____   ○ _____
_____   ○ _____
_____   ○ _____
_____   ○ _____
_____   ○ _____
_____   ○ _____
_____   ○ _____

WED · AUGUST 19, 2020 _____

_____   ○ _____
_____   ○ _____
_____   ○ _____
_____   ○ _____
_____   ○ _____
_____   ○ _____
_____   ○ _____
_____   ○ _____
_____   ○ _____
_____   ○ _____
_____   ○ _____

THU · AUGUST 20, 2020

_____

○ _____

○ _____

○ _____

○ _____

○ _____

○ _____

○ _____

○ _____

○ _____

○ _____

○ _____

FRI · AUGUST 21, 2020

_____

○ _____

○ _____

○ _____

○ _____

○ _____

○ _____

○ _____

○ _____

○ _____

○ _____

○ _____

SAT · AUGUST 22, 2020

SUN · AUGUST 23, 2020

MON · AUGUST 24, 2020

_____

- ○ _____
- ○ _____
- ○ _____
- ○ _____
- ○ _____
- ○ _____
- ○ _____
- ○ _____
- ○ _____
- ○ _____
- ○ _____

TUE · AUGUST 25, 2020

_____

- ○ _____
- ○ _____
- ○ _____
- ○ _____
- ○ _____
- ○ _____
- ○ _____
- ○ _____
- ○ _____
- ○ _____
- ○ _____

WED · AUGUST 26, 2020

_____

- ○ _____
- ○ _____
- ○ _____
- ○ _____
- ○ _____
- ○ _____
- ○ _____
- ○ _____
- ○ _____
- ○ _____
- ○ _____

THU · AUGUST 27, 2020

_____
_____
_____
_____
_____
_____
_____
_____
_____
_____
_____

○ _____
○ _____
○ _____
○ _____
○ _____
○ _____
○ _____
○ _____
○ _____
○ _____
○ _____

FRI · AUGUST 28, 2020

_____
_____
_____
_____
_____
_____
_____
_____
_____
_____
_____

○ _____
○ _____
○ _____
○ _____
○ _____
○ _____
○ _____
○ _____
○ _____
○ _____
○ _____

SAT · AUGUST 29, 2020

_____
_____
_____
_____
_____
_____
_____
_____
_____

SUN · AUGUST 30, 2020

_____
_____
_____
_____
_____
_____
_____
_____
_____

September 2020

SUNDAY	MONDAY	TUESDAY	WEDNESDAY
		1	2
6 *Read a Book Day*	7 LABOR DAY	8	9
13	14	15	16
20	21	22	23
27 YOM KIPPUR	28	29 *National Coffee Day*	30

THURSDAY	FRIDAY	SATURDAY	NOTES
3	4	5	
10	11	12	
17	18	19	
	ROSH HASHANAH		
24	25	26	

MON · AUGUST 31, 2020

- _____
- _____
- _____
- _____
- _____
- _____
- _____
- _____
- _____
- _____
- _____

○ _____
○ _____
○ _____
○ _____
○ _____
○ _____
○ _____
○ _____
○ _____
○ _____
○ _____

TUE · SEPTEMBER 1, 2020

- _____
- _____
- _____
- _____
- _____
- _____
- _____
- _____
- _____
- _____
- _____

○ _____
○ _____
○ _____
○ _____
○ _____
○ _____
○ _____
○ _____
○ _____
○ _____
○ _____

WED · SEPTEMBER 2, 2020

- _____
- _____
- _____
- _____
- _____
- _____
- _____
- _____
- _____
- _____
- _____

○ _____
○ _____
○ _____
○ _____
○ _____
○ _____
○ _____
○ _____
○ _____
○ _____
○ _____

▰ THU · SEPTEMBER 3, 2020

○ _____
○ _____
○ _____
○ _____
○ _____
○ _____
○ _____
○ _____
○ _____
○ _____
○ _____

▰ FRI · SEPTEMBER 4, 2020

○ _____
○ _____
○ _____
○ _____
○ _____
○ _____
○ _____
○ _____
○ _____
○ _____
○ _____

▰ SAT · SEPTEMBER 5, 2020

▰ SUN · SEPTEMBER 6, 2020

MON · SEPTEMBER 7, 2020

LABOR DAY

TUE · SEPTEMBER 8, 2020

WED · SEPTEMBER 9, 2020

THU · SEPTEMBER 10, 2020

- _____
- _____
- _____
- _____
- _____
- _____
- _____
- _____
- _____
- _____
- _____
- _____

○ _____
○ _____
○ _____
○ _____
○ _____
○ _____
○ _____
○ _____
○ _____
○ _____
○ _____

FRI · SEPTEMBER 11, 2020

○ _____
○ _____
○ _____
○ _____
○ _____
○ _____
○ _____
○ _____
○ _____
○ _____
○ _____

SAT · SEPTEMBER 12, 2020

SUN · SEPTEMBER 13, 2020

MON · SEPTEMBER 14, 2020

_____

- ○ _____
- ○ _____
- ○ _____
- ○ _____
- ○ _____
- ○ _____
- ○ _____
- ○ _____
- ○ _____
- ○ _____
- ○ _____

TUE · SEPTEMBER 15, 2020

_____

- ○ _____
- ○ _____
- ○ _____
- ○ _____
- ○ _____
- ○ _____
- ○ _____
- ○ _____
- ○ _____
- ○ _____
- ○ _____

WED · SEPTEMBER 16, 2020

_____

- ○ _____
- ○ _____
- ○ _____
- ○ _____
- ○ _____
- ○ _____
- ○ _____
- ○ _____
- ○ _____
- ○ _____
- ○ _____

THU · SEPTEMBER 17, 2020

_____

- ○ _____
- ○ _____
- ○ _____
- ○ _____
- ○ _____
- ○ _____
- ○ _____
- ○ _____
- ○ _____
- ○ _____
- ○ _____

FRI · SEPTEMBER 18, 2020

_____

- ○ _____
- ○ _____
- ○ _____
- ○ _____
- ○ _____
- ○ _____
- ○ _____
- ○ _____
- ○ _____
- ○ _____
- ○ _____

ROSH HASHANAH

SAT · SEPTEMBER 19, 2020

SUN · SEPTEMBER 20, 2020

■ MON · SEPTEMBER 21, 2020

_____

_____	○ _____
_____	○ _____
_____	○ _____
_____	○ _____
_____	○ _____
_____	○ _____
_____	○ _____
_____	○ _____
_____	○ _____
_____	○ _____
_____	○ _____
_____	

■ TUE · SEPTEMBER 22, 2020

_____

_____	○ _____
_____	○ _____
_____	○ _____
_____	○ _____
_____	○ _____
_____	○ _____
_____	○ _____
_____	○ _____
_____	○ _____
_____	○ _____
_____	○ _____
_____	

■ WED · SEPTEMBER 23, 2020

_____

_____	○ _____
_____	○ _____
_____	○ _____
_____	○ _____
_____	○ _____
_____	○ _____
_____	○ _____
_____	○ _____
_____	○ _____
_____	○ _____
_____	○ _____

◤ THU · SEPTEMBER 24, 2020

_____
_____
_____
_____
_____
_____
_____
_____
_____
_____
_____

○ _____
○ _____
○ _____
○ _____
○ _____
○ _____
○ _____
○ _____
○ _____
○ _____
○ _____

◤ FRI · SEPTEMBER 25, 2020

_____
_____
_____
_____
_____
_____
_____
_____
_____
_____
_____

○ _____
○ _____
○ _____
○ _____
○ _____
○ _____
○ _____
○ _____
○ _____
○ _____
○ _____

◤ SAT · SEPTEMBER 26, 2020

_____
_____
_____
_____
_____
_____
_____
_____
_____

◤ SUN · SEPTEMBER 27, 2020

_____
_____
_____
_____
_____
_____
_____
_____
_____

YOM KIPPUR

October 2020

SUNDAY	MONDAY	TUESDAY	WEDNESDAY
4 _National Taco Day_	5	6	7
11	12 COLUMBUS DAY	13	14
18	19	20	21
25	26	27	28

> Simplicity is the keynote of all true elegance.
> — Coco Chanel

THURSDAY	FRIDAY	SATURDAY	NOTES
1	2 *World Smile Day*	3	_____
8	9	10	_____
15	16	17	_____
22	23	24	_____
29	30	31 HALLOWEEN	_____

MON · SEPTEMBER 28, 2020

_____

- ○ _____
- ○ _____
- ○ _____
- ○ _____
- ○ _____
- ○ _____
- ○ _____
- ○ _____
- ○ _____
- ○ _____
- ○ _____

TUE · SEPTEMBER 29, 2020

_____

- ○ _____
- ○ _____
- ○ _____
- ○ _____
- ○ _____
- ○ _____
- ○ _____
- ○ _____
- ○ _____
- ○ _____
- ○ _____

WED · SEPTEMBER 30, 2020

_____

- ○ _____
- ○ _____
- ○ _____
- ○ _____
- ○ _____
- ○ _____
- ○ _____
- ○ _____
- ○ _____
- ○ _____
- ○ _____

THU · OCTOBER 1, 2020

_____ ○ _____
_____ ○ _____
_____ ○ _____
_____ ○ _____
_____ ○ _____
_____ ○ _____
_____ ○ _____
_____ ○ _____
_____ ○ _____
_____ ○ _____
_____ ○ _____

FRI · OCTOBER 2, 2020

_____ ○ _____
_____ ○ _____
_____ ○ _____
_____ ○ _____
_____ ○ _____
_____ ○ _____
_____ ○ _____
_____ ○ _____
_____ ○ _____
_____ ○ _____
_____ ○ _____
_____ ○ _____

SAT · OCTOBER 3, 2020

_____
_____
_____
_____
_____
_____
_____
_____
_____

SUN · OCTOBER 4, 2020

_____
_____
_____
_____
_____
_____
_____
_____
_____

MON · OCTOBER 5, 2020

_____

- ○ _____
- ○ _____
- ○ _____
- ○ _____
- ○ _____
- ○ _____
- ○ _____
- ○ _____
- ○ _____
- ○ _____
- ○ _____

TUE · OCTOBER 6, 2020

_____

- ○ _____
- ○ _____
- ○ _____
- ○ _____
- ○ _____
- ○ _____
- ○ _____
- ○ _____
- ○ _____
- ○ _____
- ○ _____

WED · OCTOBER 7, 2020

_____

- ○ _____
- ○ _____
- ○ _____
- ○ _____
- ○ _____
- ○ _____
- ○ _____
- ○ _____
- ○ _____
- ○ _____
- ○ _____

■ THU · OCTOBER 8, 2020

_____

- ○ _____
- ○ _____
- ○ _____
- ○ _____
- ○ _____
- ○ _____
- ○ _____
- ○ _____
- ○ _____
- ○ _____
- ○ _____
- ○ _____

■ FRI · OCTOBER 9, 2020

_____

- ○ _____
- ○ _____
- ○ _____
- ○ _____
- ○ _____
- ○ _____
- ○ _____
- ○ _____
- ○ _____
- ○ _____
- ○ _____
- ○ _____

■ SAT · OCTOBER 10, 2020

■ SUN · OCTOBER 11, 2020

⚑ MON · OCTOBER 12, 2020

_____ ○ _____
_____ ○ _____
_____ ○ _____
_____ ○ _____
_____ ○ _____
_____ ○ _____
_____ ○ _____
_____ ○ _____
_____ ○ _____
_____ ○ _____
COLUMBUS DAY   ○ _____

⚑ TUE · OCTOBER 13, 2020

_____ ○ _____
_____ ○ _____
_____ ○ _____
_____ ○ _____
_____ ○ _____
_____ ○ _____
_____ ○ _____
_____ ○ _____
_____ ○ _____
_____ ○ _____
_____ ○ _____

⚑ WED · OCTOBER 14, 2020

_____ ○ _____
_____ ○ _____
_____ ○ _____
_____ ○ _____
_____ ○ _____
_____ ○ _____
_____ ○ _____
_____ ○ _____
_____ ○ _____
_____ ○ _____
_____ ○ _____

▰ THU · OCTOBER 15, 2020

_____   ○ _____
_____   ○ _____
_____   ○ _____
_____   ○ _____
_____   ○ _____
_____   ○ _____
_____   ○ _____
_____   ○ _____
_____   ○ _____
_____   ○ _____
_____   ○ _____

▰ FRI · OCTOBER 16, 2020

_____   ○ _____
_____   ○ _____
_____   ○ _____
_____   ○ _____
_____   ○ _____
_____   ○ _____
_____   ○ _____
_____   ○ _____
_____   ○ _____
_____   ○ _____
_____   ○ _____

▰ SAT · OCTOBER 17, 2020

▰ SUN · OCTOBER 18, 2020

◤ MON · OCTOBER 19, 2020

_____   ○ _____
_____   ○ _____
_____   ○ _____
_____   ○ _____
_____   ○ _____
_____   ○ _____
_____   ○ _____
_____   ○ _____
_____   ○ _____
_____   ○ _____
_____   ○ _____

◤ TUE · OCTOBER 20, 2020

_____   ○ _____
_____   ○ _____
_____   ○ _____
_____   ○ _____
_____   ○ _____
_____   ○ _____
_____   ○ _____
_____   ○ _____
_____   ○ _____
_____   ○ _____
_____   ○ _____
_____   ○ _____

◤ WED · OCTOBER 21, 2020

_____   ○ _____
_____   ○ _____
_____   ○ _____
_____   ○ _____
_____   ○ _____
_____   ○ _____
_____   ○ _____
_____   ○ _____
_____   ○ _____
_____   ○ _____
_____   ○ _____

THU · OCTOBER 22, 2020

○
○
○
○
○
○
○
○
○
○
○
○

FRI · OCTOBER 23, 2020

○
○
○
○
○
○
○
○
○
○
○

SAT · OCTOBER 24, 2020

SUN · OCTOBER 25, 2020

MON · OCTOBER 26, 2020

- ○
- ○
- ○
- ○
- ○
- ○
- ○
- ○
- ○
- ○
- ○
- ○

TUE · OCTOBER 27, 2020

- ○
- ○
- ○
- ○
- ○
- ○
- ○
- ○
- ○
- ○
- ○

WED · OCTOBER 28, 2020

- ○
- ○
- ○
- ○
- ○
- ○
- ○
- ○
- ○
- ○
- ○

THU · OCTOBER 29, 2020

_____
_____
_____
_____
_____
_____
_____
_____
_____
_____
_____

○ _____
○ _____
○ _____
○ _____
○ _____
○ _____
○ _____
○ _____
○ _____
○ _____
○ _____

FRI · OCTOBER 30, 2020

_____
_____
_____
_____
_____
_____
_____
_____
_____
_____
_____

○ _____
○ _____
○ _____
○ _____
○ _____
○ _____
○ _____
○ _____
○ _____
○ _____
○ _____

SAT · OCTOBER 31, 2020

_____
_____
_____
_____
_____
_____
_____
_____
_____

HALLOWEEN

SUN · NOVEMBER 1, 2020

_____
_____
_____
_____
_____
_____
_____
_____
_____

DAYLIGHT SAVINGS ENDS

November 2020

SUNDAY	MONDAY	TUESDAY	WEDNESDAY
1 DAYLIGHT SAVINGS ENDS	2	3	4
8	9	10	11 VETERANS DAY
15	16	17	18
22	23	24	25
29	30		

> The purpose of our lives is to be happy.
> — Dalai Lama

THURSDAY	FRIDAY	SATURDAY	NOTES
5	6	7	
12	13 _World Kindness Day_	14	
19	20	21	
26 THANKSGIVING	27	28	

MON · NOVEMBER 2, 2020

_____   ○ _____
_____   ○ _____
_____   ○ _____
_____   ○ _____
_____   ○ _____
_____   ○ _____
_____   ○ _____
_____   ○ _____
_____   ○ _____
_____   ○ _____
_____   ○ _____
                                     ○ _____

TUE · NOVEMBER 3, 2020

_____   ○ _____
_____   ○ _____
_____   ○ _____
_____   ○ _____
_____   ○ _____
_____   ○ _____
_____   ○ _____
_____   ○ _____
_____   ○ _____
_____   ○ _____
_____   ○ _____

WED · NOVEMBER 4, 2020

_____   ○ _____
_____   ○ _____
_____   ○ _____
_____   ○ _____
_____   ○ _____
_____   ○ _____
_____   ○ _____
_____   ○ _____
_____   ○ _____
_____   ○ _____
_____   ○ _____

THU · NOVEMBER 5, 2020

○
○
○
○
○
○
○
○
○
○
○

FRI · NOVEMBER 6, 2020

○
○
○
○
○
○
○
○
○
○
○

SAT · NOVEMBER 7, 2020

SUN · NOVEMBER 8, 2020

⚑ MON · NOVEMBER 9, 2020

_____

_____ ○ _____
_____ ○ _____
_____ ○ _____
_____ ○ _____
_____ ○ _____
_____ ○ _____
_____ ○ _____
_____ ○ _____
_____ ○ _____
_____ ○ _____
_____ ○ _____

⚑ TUE · NOVEMBER 10, 2020

_____ ○ _____
_____ ○ _____
_____ ○ _____
_____ ○ _____
_____ ○ _____
_____ ○ _____
_____ ○ _____
_____ ○ _____
_____ ○ _____
_____ ○ _____
_____ ○ _____
_____

⚑ WED · NOVEMBER 11, 2020

_____ ○ _____
_____ ○ _____
_____ ○ _____
_____ ○ _____
_____ ○ _____
_____ ○ _____
_____ ○ _____
_____ ○ _____
_____ ○ _____
_____ ○ _____

VETERANS DAY ○ _____

THU · NOVEMBER 12, 2020

_____   ○ _____
_____   ○ _____
_____   ○ _____
_____   ○ _____
_____   ○ _____
_____   ○ _____
_____   ○ _____
_____   ○ _____
_____   ○ _____
_____   ○ _____
_____   ○ _____

FRI · NOVEMBER 13, 2020

_____   ○ _____
_____   ○ _____
_____   ○ _____
_____   ○ _____
_____   ○ _____
_____   ○ _____
_____   ○ _____
_____   ○ _____
_____   ○ _____
_____   ○ _____
_____   ○ _____
                           ○ _____

SAT · NOVEMBER 14, 2020

_____
_____
_____
_____
_____
_____
_____
_____
_____

SUN · NOVEMBER 15, 2020

_____
_____
_____
_____
_____
_____
_____
_____
_____

◼ MON · NOVEMBER 16, 2020

_____

_____   ○ _____
_____   ○ _____
_____   ○ _____
_____   ○ _____
_____   ○ _____
_____   ○ _____
_____   ○ _____
_____   ○ _____
_____   ○ _____
_____   ○ _____
_____   ○ _____
_____   ○ _____

◼ TUE · NOVEMBER 17, 2020

_____   ○ _____
_____   ○ _____
_____   ○ _____
_____   ○ _____
_____   ○ _____
_____   ○ _____
_____   ○ _____
_____   ○ _____
_____   ○ _____
_____   ○ _____
_____   ○ _____
_____

◼ WED · NOVEMBER 18, 2020

_____   ○ _____
_____   ○ _____
_____   ○ _____
_____   ○ _____
_____   ○ _____
_____   ○ _____
_____   ○ _____
_____   ○ _____
_____   ○ _____
_____   ○ _____
_____   ○ _____
_____

THU · NOVEMBER 19, 2020 _____

_____   ○ _____
_____   ○ _____
_____   ○ _____
_____   ○ _____
_____   ○ _____
_____   ○ _____
_____   ○ _____
_____   ○ _____
_____   ○ _____
_____   ○ _____
                                    ○ _____

FRI · NOVEMBER 20, 2020 _____

_____   ○ _____
_____   ○ _____
_____   ○ _____
_____   ○ _____
_____   ○ _____
_____   ○ _____
_____   ○ _____
_____   ○ _____
_____   ○ _____
_____   ○ _____
_____   ○ _____

SAT · NOVEMBER 21, 2020   **SUN · NOVEMBER 22, 2020**

_____   _____
_____   _____
_____   _____
_____   _____
_____   _____
_____   _____
_____   _____
_____   _____

■ MON · NOVEMBER 23, 2020

_____ ○ _____
_____ ○ _____
_____ ○ _____
_____ ○ _____
_____ ○ _____
_____ ○ _____
_____ ○ _____
_____ ○ _____
_____ ○ _____
_____ ○ _____
_____ ○ _____
_____ ○ _____

■ TUE · NOVEMBER 24, 2020

_____ ○ _____
_____ ○ _____
_____ ○ _____
_____ ○ _____
_____ ○ _____
_____ ○ _____
_____ ○ _____
_____ ○ _____
_____ ○ _____
_____ ○ _____
_____ ○ _____
_____ ○ _____

■ WED · NOVEMBER 25, 2020

_____ ○ _____
_____ ○ _____
_____ ○ _____
_____ ○ _____
_____ ○ _____
_____ ○ _____
_____ ○ _____
_____ ○ _____
_____ ○ _____
_____ ○ _____
_____ ○ _____

◤ THU · NOVEMBER 26, 2020 ─────────────

_____   ○ _____
_____   ○ _____
_____   ○ _____
_____   ○ _____
_____   ○ _____
_____   ○ _____
_____   ○ _____
_____   ○ _____
_____   ○ _____
_____   ○ _____
THANKSGIVING   ○ _____

◤ FRI · NOVEMBER 27, 2020 ─────────────

_____   ○ _____
_____   ○ _____
_____   ○ _____
_____   ○ _____
_____   ○ _____
_____   ○ _____
_____   ○ _____
_____   ○ _____
_____   ○ _____
_____   ○ _____
_____   ○ _____

◤ SAT · NOVEMBER 28, 2020   ## ◤ SUN · NOVEMBER 29, 2020

December 2020

SUNDAY	MONDAY	TUESDAY	WEDNESDAY
		1	2
6	7	8	9
13	14	15	16
20	21	22	23
27	28	29	30

> *What is done in love is done well.*
>
> — Vincent Van Gogh

THURSDAY	FRIDAY	SATURDAY	NOTES
3	4	5	
10	11 HANUKKAH	12	
17	18	19	
24 CHRISTMAS EVE	25 CHRISTMAS DAY	26 KWANZAA	
31 NEW YEAR'S EVE			

MON · NOVEMBER 30, 2020

_____
_____
_____
_____
_____
_____
_____
_____
_____
_____
_____

○ _____
○ _____
○ _____
○ _____
○ _____
○ _____
○ _____
○ _____
○ _____
○ _____
○ _____

TUE · DECEMBER 1, 2020

_____
_____
_____
_____
_____
_____
_____
_____
_____
_____
_____

○ _____
○ _____
○ _____
○ _____
○ _____
○ _____
○ _____
○ _____
○ _____
○ _____
○ _____

WED · DECEMBER 2, 2020

_____
_____
_____
_____
_____
_____
_____
_____
_____
_____
_____

○ _____
○ _____
○ _____
○ _____
○ _____
○ _____
○ _____
○ _____
○ _____
○ _____
○ _____

◤ THU · DECEMBER 3, 2020

_____

- ○ _____
- ○ _____
- ○ _____
- ○ _____
- ○ _____
- ○ _____
- ○ _____
- ○ _____
- ○ _____
- ○ _____
- ○ _____

◤ FRI · DECEMBER 4, 2020

_____

- ○ _____
- ○ _____
- ○ _____
- ○ _____
- ○ _____
- ○ _____
- ○ _____
- ○ _____
- ○ _____
- ○ _____
- ○ _____

◤ SAT · DECEMBER 5, 2020

◤ SUN · DECEMBER 6, 2020

MON · DECEMBER 7, 2020

_____

_____ ○ _____
_____ ○ _____
_____ ○ _____
_____ ○ _____
_____ ○ _____
_____ ○ _____
_____ ○ _____
_____ ○ _____
_____ ○ _____
_____ ○ _____
_____ ○ _____

TUE · DECEMBER 8, 2020

_____

_____ ○ _____
_____ ○ _____
_____ ○ _____
_____ ○ _____
_____ ○ _____
_____ ○ _____
_____ ○ _____
_____ ○ _____
_____ ○ _____
_____ ○ _____
_____ ○ _____

WED · DECEMBER 9, 2020

_____

_____ ○ _____
_____ ○ _____
_____ ○ _____
_____ ○ _____
_____ ○ _____
_____ ○ _____
_____ ○ _____
_____ ○ _____
_____ ○ _____
_____ ○ _____
_____ ○ _____

THU · DECEMBER 10, 2020

_____

- ○ _____
- ○ _____
- ○ _____
- ○ _____
- ○ _____
- ○ _____
- ○ _____
- ○ _____
- ○ _____
- ○ _____
- ○ _____

FRI · DECEMBER 11, 2020

_____

- ○ _____
- ○ _____
- ○ _____
- ○ _____
- ○ _____
- ○ _____
- ○ _____
- ○ _____
- ○ _____
- ○ _____
- ○ _____

HANUKKAH

SAT · DECEMBER 12, 2020

SUN · DECEMBER 13, 2020

MON · DECEMBER 14, 2020

_____

- ○ _____
- ○ _____
- ○ _____
- ○ _____
- ○ _____
- ○ _____
- ○ _____
- ○ _____
- ○ _____
- ○ _____
- ○ _____

TUE · DECEMBER 15, 2020

_____

- ○ _____
- ○ _____
- ○ _____
- ○ _____
- ○ _____
- ○ _____
- ○ _____
- ○ _____
- ○ _____
- ○ _____
- ○ _____

WED · DECEMBER 16, 2020

_____

- ○ _____
- ○ _____
- ○ _____
- ○ _____
- ○ _____
- ○ _____
- ○ _____
- ○ _____
- ○ _____
- ○ _____
- ○ _____

THU · DECEMBER 17, 2020

_____

- _____
- _____
- _____
- _____
- _____
- _____
- _____
- _____
- _____
- _____
- _____

FRI · DECEMBER 18, 2020

_____

- _____
- _____
- _____
- _____
- _____
- _____
- _____
- _____
- _____
- _____
- _____

SAT · DECEMBER 19, 2020

SUN · DECEMBER 20, 2020

MON · DECEMBER 21, 2020

_____

- ○ _____
- ○ _____
- ○ _____
- ○ _____
- ○ _____
- ○ _____
- ○ _____
- ○ _____
- ○ _____
- ○ _____
- ○ _____
- ○ _____

TUE · DECEMBER 22, 2020

_____

- ○ _____
- ○ _____
- ○ _____
- ○ _____
- ○ _____
- ○ _____
- ○ _____
- ○ _____
- ○ _____
- ○ _____
- ○ _____

WED · DECEMBER 23, 2020

_____

- ○ _____
- ○ _____
- ○ _____
- ○ _____
- ○ _____
- ○ _____
- ○ _____
- ○ _____
- ○ _____
- ○ _____

THU · DECEMBER 24, 2020

_____

_____
_____
_____
_____
_____
_____
_____
_____
_____

CHRISTMAS EVE

- ○ _____
- ○ _____
- ○ _____
- ○ _____
- ○ _____
- ○ _____
- ○ _____
- ○ _____
- ○ _____
- ○ _____
- ○ _____

FRI · DECEMBER 25, 2020

_____

_____
_____
_____
_____
_____
_____
_____
_____
_____

CHRISTMAS DAY

- ○ _____
- ○ _____
- ○ _____
- ○ _____
- ○ _____
- ○ _____
- ○ _____
- ○ _____
- ○ _____
- ○ _____
- ○ _____

SAT · DECEMBER 26, 2020

_____

_____
_____
_____
_____
_____
_____
_____

KWANZAA

SUN · DECEMBER 27, 2020

_____

_____
_____
_____
_____
_____
_____
_____
_____

MON · DECEMBER 28, 2020 _____

_____ ○ _____
_____ ○ _____
_____ ○ _____
_____ ○ _____
_____ ○ _____
_____ ○ _____
_____ ○ _____
_____ ○ _____
_____ ○ _____
_____ ○ _____
_____ ○ _____
                     ○ _____

TUE · DECEMBER 29, 2020 _____

_____ ○ _____
_____ ○ _____
_____ ○ _____
_____ ○ _____
_____ ○ _____
_____ ○ _____
_____ ○ _____
_____ ○ _____
_____ ○ _____
_____ ○ _____
_____ ○ _____
_____

WED · DECEMBER 30, 2020 _____

_____ ○ _____
_____ ○ _____
_____ ○ _____
_____ ○ _____
_____ ○ _____
_____ ○ _____
_____ ○ _____
_____ ○ _____
_____ ○ _____
_____ ○ _____
_____ ○ _____

THU · DECEMBER 31, 2020

_____
_____
_____
_____
_____
_____
_____
_____
_____

NEW YEAR'S EVE

○ _____
○ _____
○ _____
○ _____
○ _____
○ _____
○ _____
○ _____
○ _____
○ _____
○ _____

FRI · JANUARY 1, 2021

_____
_____
_____
_____
_____
_____
_____
_____
_____
_____

NEW YEAR'S DAY

○ _____
○ _____
○ _____
○ _____
○ _____
○ _____
○ _____
○ _____
○ _____
○ _____
○ _____

SAT · JANUARY 2, 2021

_____
_____
_____
_____
_____
_____
_____
_____

SUN · JANUARY 3, 2021

_____
_____
_____
_____
_____
_____
_____
_____

January 2021

SUNDAY	MONDAY	TUESDAY	WEDNESDAY
		NEW YEAR'S DAY	
3	4 *National Trivia Day*	5	6
10	11	12	13
17	18 MARTIN LUTHER KING JR. DAY	19	20
24 / 31	25	26	27

> [Nothing is impossible, the word itself
> says 'I'm possible'!
> — Audrey Hepburn]

THURSDAY	FRIDAY	SATURDAY	NOTES
	1	2	_____
			_____
			_____
			_____
7	8	9	_____
			_____
			_____
			_____
14	15	16	_____
			_____
			_____
			_____
21	22	23	_____
			_____
National Hug Day			_____
28	29	30	_____
			_____
	National Puzzle Day		_____

MON · JANUARY 4, 2021

_____
_____
_____
_____
_____
_____
_____
_____
_____
_____
_____

○ _____
○ _____
○ _____
○ _____
○ _____
○ _____
○ _____
○ _____
○ _____
○ _____
○ _____

TUE · JANUARY 5, 2021

_____
_____
_____
_____
_____
_____
_____
_____
_____
_____
_____

○ _____
○ _____
○ _____
○ _____
○ _____
○ _____
○ _____
○ _____
○ _____
○ _____
○ _____

WED · JANUARY 6, 2021

_____
_____
_____
_____
_____
_____
_____
_____
_____
_____
_____

○ _____
○ _____
○ _____
○ _____
○ _____
○ _____
○ _____
○ _____
○ _____
○ _____
○ _____

▰ THU · JANUARY 7, 2021

_____

_____   ○ _____
_____   ○ _____
_____   ○ _____
_____   ○ _____
_____   ○ _____
_____   ○ _____
_____   ○ _____
_____   ○ _____
_____   ○ _____
_____   ○ _____
_____   ○ _____

▰ FRI · JANUARY 8, 2021

_____   ○ _____
_____   ○ _____
_____   ○ _____
_____   ○ _____
_____   ○ _____
_____   ○ _____
_____   ○ _____
_____   ○ _____
_____   ○ _____
_____   ○ _____
_____   ○ _____

▰ SAT · JANUARY 9, 2021

▰ SUN · JANUARY 10, 2021

MON · JANUARY 11, 2021

- ○
- ○
- ○
- ○
- ○
- ○
- ○
- ○
- ○
- ○
- ○
- ○

TUE · JANUARY 12, 2021

- ○
- ○
- ○
- ○
- ○
- ○
- ○
- ○
- ○
- ○
- ○

WED · JANUARY 13, 2021

- ○
- ○
- ○
- ○
- ○
- ○
- ○
- ○
- ○
- ○
- ○

THU · JANUARY 14, 2021

FRI · JANUARY 15, 2021

SAT · JANUARY 16, 2021

SUN · JANUARY 17, 2021

MON · JANUARY 18, 2021

○

○

○

○

○

○

○

○

○

○

○

MARTIN LUTHER KING JR. DAY

TUE · JANUARY 19, 2021

○

○

○

○

○

○

○

○

○

○

○

WED · JANUARY 20, 2021

○

○

○

○

○

○

○

○

○

○

○

THU · JANUARY 21, 2021

_____   ○ _____
_____   ○ _____
_____   ○ _____
_____   ○ _____
_____   ○ _____
_____   ○ _____
_____   ○ _____
_____   ○ _____
_____   ○ _____
_____   ○ _____
_____   ○ _____

FRI · JANUARY 22, 2021

_____   ○ _____
_____   ○ _____
_____   ○ _____
_____   ○ _____
_____   ○ _____
_____   ○ _____
_____   ○ _____
_____   ○ _____
_____   ○ _____
_____   ○ _____
_____   ○ _____

SAT · JANUARY 23, 2021

SUN · JANUARY 24, 2021

MON · JANUARY 25, 2021

_____

- ○ _____
- ○ _____
- ○ _____
- ○ _____
- ○ _____
- ○ _____
- ○ _____
- ○ _____
- ○ _____
- ○ _____
- ○ _____

TUE · JANUARY 26, 2021

_____

- ○ _____
- ○ _____
- ○ _____
- ○ _____
- ○ _____
- ○ _____
- ○ _____
- ○ _____
- ○ _____
- ○ _____
- ○ _____

WED · JANUARY 27, 2021

_____

- ○ _____
- ○ _____
- ○ _____
- ○ _____
- ○ _____
- ○ _____
- ○ _____
- ○ _____
- ○ _____
- ○ _____
- ○ _____

THU · JANUARY 28, 2021

_____   ○ _____
_____   ○ _____
_____   ○ _____
_____   ○ _____
_____   ○ _____
_____   ○ _____
_____   ○ _____
_____   ○ _____
_____   ○ _____
_____   ○ _____
_____   ○ _____

FRI · JANUARY 29, 2021

_____   ○ _____
_____   ○ _____
_____   ○ _____
_____   ○ _____
_____   ○ _____
_____   ○ _____
_____   ○ _____
_____   ○ _____
_____   ○ _____
_____   ○ _____
_____   ○ _____

SAT · JANUARY 30, 2021   ## SUN · JANUARY 31, 2021

february 2021

SUNDAY	MONDAY	TUESDAY	WEDNESDAY
	1	2	3
7	8	9 National Pizza Day	10
14 VALENTINE'S DAY	15 PRESIDENTS' DAY	16	17
21	22	23	24
28			

THURSDAY	FRIDAY	SATURDAY	NOTES
4	5	6	_____
11	12	13	_____
18	19	20 *Love Your Pet Day*	_____
25	26	27	_____
			_____

MON · FEBRUARY 1, 2021

- _____
- _____
- _____
- _____
- _____
- _____
- _____
- _____
- _____
- _____
- _____

○ _____
○ _____
○ _____
○ _____
○ _____
○ _____
○ _____
○ _____
○ _____
○ _____
○ _____
○ _____

TUE · FEBRUARY 2, 2021

- _____
- _____
- _____
- _____
- _____
- _____
- _____
- _____
- _____
- _____
- _____
- _____

○ _____
○ _____
○ _____
○ _____
○ _____
○ _____
○ _____
○ _____
○ _____
○ _____
○ _____

WED · FEBRUARY 3, 2021

- _____
- _____
- _____
- _____
- _____
- _____
- _____
- _____
- _____
- _____
- _____

○ _____
○ _____
○ _____
○ _____
○ _____
○ _____
○ _____
○ _____
○ _____
○ _____
○ _____

THU · FEBRUARY 4, 2021

○
○
○
○
○
○
○
○
○
○
○
○

FRI · FEBRUARY 5, 2021

○
○
○
○
○
○
○
○
○
○
○

SAT · FEBRUARY 6, 2021

SUN · FEBRUARY 7, 2021

◣ MON · FEBRUARY 8, 2021

_____

_____   ○ _____
_____   ○ _____
_____   ○ _____
_____   ○ _____
_____   ○ _____
_____   ○ _____
_____   ○ _____
_____   ○ _____
_____   ○ _____
_____   ○ _____
_____   ○ _____
_____   ○ _____

◣ TUE · FEBRUARY 9, 2021

_____

_____   ○ _____
_____   ○ _____
_____   ○ _____
_____   ○ _____
_____   ○ _____
_____   ○ _____
_____   ○ _____
_____   ○ _____
_____   ○ _____
_____   ○ _____
_____   ○ _____

◣ WED · FEBRUARY 10, 2021

_____

_____   ○ _____
_____   ○ _____
_____   ○ _____
_____   ○ _____
_____   ○ _____
_____   ○ _____
_____   ○ _____
_____   ○ _____
_____   ○ _____
_____   ○ _____
_____   ○ _____

THU · FEBRUARY 11, 2021

FRI · FEBRUARY 12, 2021

SAT · FEBRUARY 13, 2021

SUN · FEBRUARY 14, 2021

VALENTINE'S DAY

MON · FEBRUARY 15, 2021

_____

_____   ○ _____
_____   ○ _____
_____   ○ _____
_____   ○ _____
_____   ○ _____
_____   ○ _____
_____   ○ _____
_____   ○ _____
_____   ○ _____
_____   ○ _____
PRESIDENTS' DAY   ○ _____

TUE · FEBRUARY 16, 2021

_____

_____   ○ _____
_____   ○ _____
_____   ○ _____
_____   ○ _____
_____   ○ _____
_____   ○ _____
_____   ○ _____
_____   ○ _____
_____   ○ _____
_____   ○ _____
_____   ○ _____

WED · FEBRUARY 17, 2021

_____

_____   ○ _____
_____   ○ _____
_____   ○ _____
_____   ○ _____
_____   ○ _____
_____   ○ _____
_____   ○ _____
_____   ○ _____
_____   ○ _____
_____   ○ _____
_____   ○ _____

THU · FEBRUARY 18, 2021

- ○ _____
- ○ _____
- ○ _____
- ○ _____
- ○ _____
- ○ _____
- ○ _____
- ○ _____
- ○ _____
- ○ _____
- ○ _____

FRI · FEBRUARY 19, 2021

- ○ _____
- ○ _____
- ○ _____
- ○ _____
- ○ _____
- ○ _____
- ○ _____
- ○ _____
- ○ _____
- ○ _____
- ○ _____

SAT · FEBRUARY 20, 2021

SUN · FEBRUARY 21, 2021

MON · FEBRUARY 22, 2021

_____

- ○ _____
- ○ _____
- ○ _____
- ○ _____
- ○ _____
- ○ _____
- ○ _____
- ○ _____
- ○ _____
- ○ _____
- ○ _____

TUE · FEBRUARY 23, 2021

_____

- ○ _____
- ○ _____
- ○ _____
- ○ _____
- ○ _____
- ○ _____
- ○ _____
- ○ _____
- ○ _____
- ○ _____
- ○ _____

WED · FEBRUARY 24, 2021

_____

- ○ _____
- ○ _____
- ○ _____
- ○ _____
- ○ _____
- ○ _____
- ○ _____
- ○ _____
- ○ _____
- ○ _____
- ○ _____

THU · FEBRUARY 25, 2021

_____

- _____
- _____
- _____
- _____
- _____
- _____
- _____
- _____
- _____
- _____
- _____

FRI · FEBRUARY 26, 2021

_____

- _____
- _____
- _____
- _____
- _____
- _____
- _____
- _____
- _____
- _____
- _____

SAT · FEBRUARY 27, 2021

SUN · FEBRUARY 28, 2021

March 2021

SUNDAY	MONDAY	TUESDAY	WEDNESDAY
	1	2	3
7	8	9	10
14 DAYLIGHT SAVINGS BEGINS	15	16	17 ST. PATRICK'S DAY
21	22	23 National Puppy Day	24
28	29	30	31

THURSDAY	FRIDAY	SATURDAY	NOTES
4	5	6	_____
11	12	13	_____
18	19	20 International day of Happiness	_____
25	26	27	_____
			_____

▗ MON · MARCH 1, 2021

_____   ○ _____
_____   ○ _____
_____   ○ _____
_____   ○ _____
_____   ○ _____
_____   ○ _____
_____   ○ _____
_____   ○ _____
_____   ○ _____
_____   ○ _____
_____   ○ _____

▗ TUE · MARCH 2, 2021

_____   ○ _____
_____   ○ _____
_____   ○ _____
_____   ○ _____
_____   ○ _____
_____   ○ _____
_____   ○ _____
_____   ○ _____
_____   ○ _____
_____   ○ _____
_____   ○ _____

▗ WED · MARCH 3, 2021

_____   ○ _____
_____   ○ _____
_____   ○ _____
_____   ○ _____
_____   ○ _____
_____   ○ _____
_____   ○ _____
_____   ○ _____
_____   ○ _____
_____   ○ _____
_____   ○ _____

THU · MARCH 4, 2021

_____
_____
_____
_____
_____
_____
_____
_____
_____
_____

○ _____
○ _____
○ _____
○ _____
○ _____
○ _____
○ _____
○ _____
○ _____
○ _____
○ _____

FRI · MARCH 5, 2021

_____
_____
_____
_____
_____
_____
_____
_____
_____
_____

○ _____
○ _____
○ _____
○ _____
○ _____
○ _____
○ _____
○ _____
○ _____
○ _____
○ _____

SAT · MARCH 6, 2021

_____
_____
_____
_____
_____
_____
_____
_____

SUN · MARCH 7, 2021

_____
_____
_____
_____
_____
_____
_____
_____

◤ MON · MARCH 8, 2021

- _____
- _____
- _____
- _____
- _____
- _____
- _____
- _____
- _____
- _____
- _____
- _____

○ _____
○ _____
○ _____
○ _____
○ _____
○ _____
○ _____
○ _____
○ _____
○ _____
○ _____

◤ TUE · MARCH 9, 2021

- _____
- _____
- _____
- _____
- _____
- _____
- _____
- _____
- _____
- _____
- _____

○ _____
○ _____
○ _____
○ _____
○ _____
○ _____
○ _____
○ _____
○ _____
○ _____
○ _____

◤ WED · MARCH 10, 2021

- _____
- _____
- _____
- _____
- _____
- _____
- _____
- _____
- _____
- _____

○ _____
○ _____
○ _____
○ _____
○ _____
○ _____
○ _____
○ _____
○ _____
○ _____
○ _____

THU · MARCH 11, 2021

- ○
- ○
- ○
- ○
- ○
- ○
- ○
- ○
- ○
- ○
- ○

FRI · MARCH 12, 2021

- ○
- ○
- ○
- ○
- ○
- ○
- ○
- ○
- ○
- ○
- ○

SAT · MARCH 13, 2021

SUN · MARCH 14, 2021

DAYLIGHT SAVINGS BEGINS

◆ MON · MARCH 15, 2021 _____

_____   ○ _____
_____   ○ _____
_____   ○ _____
_____   ○ _____
_____   ○ _____
_____   ○ _____
_____   ○ _____
_____   ○ _____
_____   ○ _____
_____   ○ _____
_____   ○ _____

◆ TUE · MARCH 16, 2021 _____

_____   ○ _____
_____   ○ _____
_____   ○ _____
_____   ○ _____
_____   ○ _____
_____   ○ _____
_____   ○ _____
_____   ○ _____
_____   ○ _____
_____   ○ _____
_____   ○ _____

◆ WED · MARCH 17, 2021 _____

_____   ○ _____
_____   ○ _____
_____   ○ _____
_____   ○ _____
_____   ○ _____
_____   ○ _____
_____   ○ _____
_____   ○ _____
_____   ○ _____
ST. PATRICK'S DAY   ○ _____
                         ○ _____

▰ THU · MARCH 18, 2021

_____ ○ _____
_____ ○ _____
_____ ○ _____
_____ ○ _____
_____ ○ _____
_____ ○ _____
_____ ○ _____
_____ ○ _____
_____ ○ _____
_____ ○ _____
_____ ○ _____

▰ FRI · MARCH 19, 2021

_____ ○ _____
_____ ○ _____
_____ ○ _____
_____ ○ _____
_____ ○ _____
_____ ○ _____
_____ ○ _____
_____ ○ _____
_____ ○ _____
_____ ○ _____
_____ ○ _____

▰ SAT · MARCH 20, 2021

_____
_____
_____
_____
_____
_____
_____
_____

▰ SUN · MARCH 21, 2021

_____
_____
_____
_____
_____
_____
_____
_____

⚑ MON · MARCH 22, 2021 _____

_____   ○ _____
_____   ○ _____
_____   ○ _____
_____   ○ _____
_____   ○ _____
_____   ○ _____
_____   ○ _____
_____   ○ _____
_____   ○ _____
_____   ○ _____
_____   ○ _____

⚑ TUE · MARCH 23, 2021 _____

_____   ○ _____
_____   ○ _____
_____   ○ _____
_____   ○ _____
_____   ○ _____
_____   ○ _____
_____   ○ _____
_____   ○ _____
_____   ○ _____
_____   ○ _____
_____   ○ _____

⚑ WED · MARCH 24, 2021 _____

_____   ○ _____
_____   ○ _____
_____   ○ _____
_____   ○ _____
_____   ○ _____
_____   ○ _____
_____   ○ _____
_____   ○ _____
_____   ○ _____
_____   ○ _____
_____   ○ _____

THU · MARCH 25, 2021

○
○
○
○
○
○
○
○
○
○
○

FRI · MARCH 26, 2021

○
○
○
○
○
○
○
○
○
○
○

SAT · MARCH 27, 2021

SUN · MARCH 28, 2021

MON · MARCH 29, 2021

_____   ○ _____
_____   ○ _____
_____   ○ _____
_____   ○ _____
_____   ○ _____
_____   ○ _____
_____   ○ _____
_____   ○ _____
_____   ○ _____
_____   ○ _____
_____   ○ _____
                                   ○ _____

TUE · MARCH 30, 2021

_____   ○ _____
_____   ○ _____
_____   ○ _____
_____   ○ _____
_____   ○ _____
_____   ○ _____
_____   ○ _____
_____   ○ _____
_____   ○ _____
_____   ○ _____
_____   ○ _____

WED · MARCH 31, 2021

_____   ○ _____
_____   ○ _____
_____   ○ _____
_____   ○ _____
_____   ○ _____
_____   ○ _____
_____   ○ _____
_____   ○ _____
_____   ○ _____
_____   ○ _____
_____   ○ _____

▰ THU · APRIL 1, 2021

○
○
○
○
○
○
○
○
○
○
○

▰ FRI · APRIL 2, 2021

○
○
○
○
○
○
○
○
○
○

GOOD FRIDAY

○

▰ SAT · APRIL 3, 2021

▰ SUN · APRIL 4, 2021

EASTER

April 2021

SUNDAY	MONDAY	TUESDAY	WEDNESDAY
4 EASTER	5	6	7
11	12	13	14
18	19	20	21
25	26 National Pretzel Day	27	28

The world belongs to the enthusiastic.
– Ralph Waldo Emerson

THURSDAY	FRIDAY	SATURDAY	NOTES
1	2 GOOD FRIDAY	3	
8	9	10 *National Siblings Day*	
15 *National High Five Day*	16	17	
22 EARTH DAY	23	24	
29	30		

MON · APRIL 5, 2021

- ○ _____
- ○ _____
- ○ _____
- ○ _____
- ○ _____
- ○ _____
- ○ _____
- ○ _____
- ○ _____
- ○ _____
- ○ _____

TUE · APRIL 6, 2021

- ○ _____
- ○ _____
- ○ _____
- ○ _____
- ○ _____
- ○ _____
- ○ _____
- ○ _____
- ○ _____
- ○ _____
- ○ _____

WED · APRIL 7, 2021

- ○ _____
- ○ _____
- ○ _____
- ○ _____
- ○ _____
- ○ _____
- ○ _____
- ○ _____
- ○ _____
- ○ _____
- ○ _____

THU · APRIL 8, 2021

- _____
- _____
- _____
- _____
- _____
- _____
- _____
- _____
- _____
- _____
- _____

○ _____
○ _____
○ _____
○ _____
○ _____
○ _____
○ _____
○ _____
○ _____
○ _____
○ _____

FRI · APRIL 9, 2021

- _____
- _____
- _____
- _____
- _____
- _____
- _____
- _____
- _____
- _____
- _____

○ _____
○ _____
○ _____
○ _____
○ _____
○ _____
○ _____
○ _____
○ _____
○ _____
○ _____

SAT · APRIL 10, 2021

SUN · APRIL 11, 2021

◤ MON · APRIL 12, 2021

_____   ○ _____
_____   ○ _____
_____   ○ _____
_____   ○ _____
_____   ○ _____
_____   ○ _____
_____   ○ _____
_____   ○ _____
_____   ○ _____
_____   ○ _____
_____   ○ _____

◤ TUE · APRIL 13, 2021

_____   ○ _____
_____   ○ _____
_____   ○ _____
_____   ○ _____
_____   ○ _____
_____   ○ _____
_____   ○ _____
_____   ○ _____
_____   ○ _____
_____   ○ _____
_____   ○ _____

◤ WED · APRIL 14, 2021

_____   ○ _____
_____   ○ _____
_____   ○ _____
_____   ○ _____
_____   ○ _____
_____   ○ _____
_____   ○ _____
_____   ○ _____
_____   ○ _____
_____   ○ _____
_____   ○ _____

THU · APRIL 15, 2021

_____

- ○ _____
- ○ _____
- ○ _____
- ○ _____
- ○ _____
- ○ _____
- ○ _____
- ○ _____
- ○ _____
- ○ _____
- ○ _____

FRI · APRIL 16, 2021

_____

- ○ _____
- ○ _____
- ○ _____
- ○ _____
- ○ _____
- ○ _____
- ○ _____
- ○ _____
- ○ _____
- ○ _____
- ○ _____

SAT · APRIL 17, 2021

SUN · APRIL 18, 2021

▰ MON · APRIL 19, 2021

_____   ○ _____
_____   ○ _____
_____   ○ _____
_____   ○ _____
_____   ○ _____
_____   ○ _____
_____   ○ _____
_____   ○ _____
_____   ○ _____
_____   ○ _____
_____   ○ _____

▰ TUE · APRIL 20, 2021

_____   ○ _____
_____   ○ _____
_____   ○ _____
_____   ○ _____
_____   ○ _____
_____   ○ _____
_____   ○ _____
_____   ○ _____
_____   ○ _____
_____   ○ _____
_____   ○ _____

▰ WED · APRIL 21, 2021

_____   ○ _____
_____   ○ _____
_____   ○ _____
_____   ○ _____
_____   ○ _____
_____   ○ _____
_____   ○ _____
_____   ○ _____
_____   ○ _____
_____   ○ _____
_____   ○ _____

THU · APRIL 22, 2021

_____
_____
_____
_____
_____
_____
_____
_____
_____
_____

EARTH DAY

○ _____
○ _____
○ _____
○ _____
○ _____
○ _____
○ _____
○ _____
○ _____
○ _____
○ _____

FRI · APRIL 23, 2021

_____
_____
_____
_____
_____
_____
_____
_____
_____
_____
_____

○ _____
○ _____
○ _____
○ _____
○ _____
○ _____
○ _____
○ _____
○ _____
○ _____
○ _____

SAT · APRIL 24, 2021

_____
_____
_____
_____
_____
_____
_____
_____
_____

SUN · APRIL 25, 2021

_____
_____
_____
_____
_____
_____
_____
_____
_____

MON · APRIL 26, 2021

_____
_____
_____
_____
_____
_____
_____
_____
_____
_____
_____

- ○ _____
- ○ _____
- ○ _____
- ○ _____
- ○ _____
- ○ _____
- ○ _____
- ○ _____
- ○ _____
- ○ _____
- ○ _____

TUE · APRIL 27, 2021

_____
_____
_____
_____
_____
_____
_____
_____
_____
_____
_____

- ○ _____
- ○ _____
- ○ _____
- ○ _____
- ○ _____
- ○ _____
- ○ _____
- ○ _____
- ○ _____
- ○ _____
- ○ _____

WED · APRIL 28, 2021

_____
_____
_____
_____
_____
_____
_____
_____
_____
_____
_____

- ○ _____
- ○ _____
- ○ _____
- ○ _____
- ○ _____
- ○ _____
- ○ _____
- ○ _____
- ○ _____
- ○ _____
- ○ _____

THU · APRIL 29, 2021

- ○
- ○
- ○
- ○
- ○
- ○
- ○
- ○
- ○
- ○
- ○

FRI · APRIL 30, 2021

- ○
- ○
- ○
- ○
- ○
- ○
- ○
- ○
- ○
- ○
- ○

SAT · MAY 1, 2021

SUN · MAY 2, 2021

May 2021

SUNDAY	MONDAY	TUESDAY	WEDNESDAY
2 *World Laughter Day*	3	4	5 *Cinco de Mayo*
9 MOTHER'S DAY	10	11	12
16	17	18	19
23 / 30	24 / 31 MEMORIAL DAY	25	26

THURSDAY	FRIDAY	SATURDAY	NOTES
		1	
6	7	8	
13	14	15	
20	21	22	
27	28	29	

MON · MAY 3, 2021

_____

- ○ _____
- ○ _____
- ○ _____
- ○ _____
- ○ _____
- ○ _____
- ○ _____
- ○ _____
- ○ _____
- ○ _____
- ○ _____

TUE · MAY 4, 2021

_____

- ○ _____
- ○ _____
- ○ _____
- ○ _____
- ○ _____
- ○ _____
- ○ _____
- ○ _____
- ○ _____
- ○ _____
- ○ _____

WED · MAY 5, 2021

_____

- ○ _____
- ○ _____
- ○ _____
- ○ _____
- ○ _____
- ○ _____
- ○ _____
- ○ _____
- ○ _____
- ○ _____
- ○ _____

THU · MAY 6, 2021

_____   ○ _____
_____   ○ _____
_____   ○ _____
_____   ○ _____
_____   ○ _____
_____   ○ _____
_____   ○ _____
_____   ○ _____
_____   ○ _____
_____   ○ _____
                                             ○ _____

FRI · MAY 7, 2021

_____   ○ _____
_____   ○ _____
_____   ○ _____
_____   ○ _____
_____   ○ _____
_____   ○ _____
_____   ○ _____
_____   ○ _____
_____   ○ _____
_____   ○ _____
                                             ○ _____

SAT · MAY 8, 2021

SUN · MAY 9, 2021

MOTHER'S DAY

■ MON · MAY 10, 2021

_____   ○ _____
_____   ○ _____
_____   ○ _____
_____   ○ _____
_____   ○ _____
_____   ○ _____
_____   ○ _____
_____   ○ _____
_____   ○ _____
_____   ○ _____
_____   ○ _____

■ TUE · MAY 11, 2021

_____   ○ _____
_____   ○ _____
_____   ○ _____
_____   ○ _____
_____   ○ _____
_____   ○ _____
_____   ○ _____
_____   ○ _____
_____   ○ _____
_____   ○ _____
_____   ○ _____

■ WED · MAY 12, 2021

_____   ○ _____
_____   ○ _____
_____   ○ _____
_____   ○ _____
_____   ○ _____
_____   ○ _____
_____   ○ _____
_____   ○ _____
_____   ○ _____
_____   ○ _____
_____   ○ _____

⬛ THU · MAY 13, 2021

_____

_____ ○ _____

_____ ○ _____

_____ ○ _____

_____ ○ _____

_____ ○ _____

_____ ○ _____

_____ ○ _____

_____ ○ _____

_____ ○ _____

_____ ○ _____

_____ ○ _____

⬛ FRI · MAY 14, 2021

_____

_____ ○ _____

_____ ○ _____

_____ ○ _____

_____ ○ _____

_____ ○ _____

_____ ○ _____

_____ ○ _____

_____ ○ _____

_____ ○ _____

_____ ○ _____

_____ ○ _____

⬛ SAT · MAY 15, 2021

_____

_____

_____

_____

_____

_____

_____

_____

_____

⬛ SUN · MAY 16, 2021

_____

_____

_____

_____

_____

_____

_____

_____

_____

MON · MAY 17, 2021

_____   ○ _____
_____   ○ _____
_____   ○ _____
_____   ○ _____
_____   ○ _____
_____   ○ _____
_____   ○ _____
_____   ○ _____
_____   ○ _____
_____   ○ _____
_____   ○ _____
_____   ○ _____

TUE · MAY 18, 2021

_____   ○ _____
_____   ○ _____
_____   ○ _____
_____   ○ _____
_____   ○ _____
_____   ○ _____
_____   ○ _____
_____   ○ _____
_____   ○ _____
_____   ○ _____
_____   ○ _____
_____   ○ _____

WED · MAY 19, 2021

_____   ○ _____
_____   ○ _____
_____   ○ _____
_____   ○ _____
_____   ○ _____
_____   ○ _____
_____   ○ _____
_____   ○ _____
_____   ○ _____
_____   ○ _____
_____   ○ _____

- ○ _____
- ○ _____
- ○ _____
- ○ _____
- ○ _____
- ○ _____
- ○ _____
- ○ _____
- ○ _____
- ○ _____
- ○ _____

- ○ _____
- ○ _____
- ○ _____
- ○ _____
- ○ _____
- ○ _____
- ○ _____
- ○ _____
- ○ _____
- ○ _____
- ○ _____

MON · MAY 24, 2021 _____

_____   ○ _____
_____   ○ _____
_____   ○ _____
_____   ○ _____
_____   ○ _____
_____   ○ _____
_____   ○ _____
_____   ○ _____
_____   ○ _____
_____   ○ _____
_____   ○ _____

TUE · MAY 25, 2021 _____

_____   ○ _____
_____   ○ _____
_____   ○ _____
_____   ○ _____
_____   ○ _____
_____   ○ _____
_____   ○ _____
_____   ○ _____
_____   ○ _____
_____   ○ _____
_____   ○ _____

WED · MAY 26, 2021 _____

_____   ○ _____
_____   ○ _____
_____   ○ _____
_____   ○ _____
_____   ○ _____
_____   ○ _____
_____   ○ _____
_____   ○ _____
_____   ○ _____
_____   ○ _____
_____   ○ _____

⬛ THU · MAY 27, 2021

_____

- ○ _____
- ○ _____
- ○ _____
- ○ _____
- ○ _____
- ○ _____
- ○ _____
- ○ _____
- ○ _____
- ○ _____
- ○ _____

⬛ FRI · MAY 28, 2021

_____

- ○ _____
- ○ _____
- ○ _____
- ○ _____
- ○ _____
- ○ _____
- ○ _____
- ○ _____
- ○ _____
- ○ _____
- ○ _____

⬛ SAT · MAY 29, 2021

⬛ SUN · MAY 30, 2021

June 2021

SUNDAY	MONDAY	TUESDAY	WEDNESDAY
		1	2
6	7	8	9
13	14 FLAG DAY	15	16
20 FATHER'S DAY	21 World Music Day	22	23
27	28	29	30

> Adventure is worthwhile in itself.
>
> – Amelia Earhart

THURSDAY	FRIDAY	SATURDAY	NOTES
3	4	5	_____
	National Donut Day		_____
10	11	12	_____
17	18	19	_____
24	25	26	_____
			_____

MON · MAY 31, 2021

_____

_____
_____
_____
_____
_____
_____
_____
_____
_____

MEMORIAL DAY

○ _____
○ _____
○ _____
○ _____
○ _____
○ _____
○ _____
○ _____
○ _____
○ _____
○ _____

TUE · JUNE 1, 2021

_____

_____
_____
_____
_____
_____
_____
_____
_____
_____
_____
_____

○ _____
○ _____
○ _____
○ _____
○ _____
○ _____
○ _____
○ _____
○ _____
○ _____
○ _____

WED · JUNE 2, 2021

_____

_____
_____
_____
_____
_____
_____
_____
_____
_____
_____
_____

○ _____
○ _____
○ _____
○ _____
○ _____
○ _____
○ _____
○ _____
○ _____
○ _____
○ _____

▰ THU · JUNE 3, 2021

_____

- _____
- _____
- _____
- _____
- _____
- _____
- _____
- _____
- _____
- _____
- _____

▰ FRI · JUNE 4, 2021

_____

- _____
- _____
- _____
- _____
- _____
- _____
- _____
- _____
- _____
- _____
- _____

▰ SAT · JUNE 5, 2021

▰ SUN · JUNE 6, 2021

◤ MON · JUNE 7, 2021

_____

- ○ _____
- ○ _____
- ○ _____
- ○ _____
- ○ _____
- ○ _____
- ○ _____
- ○ _____
- ○ _____
- ○ _____
- ○ _____

◤ TUE · JUNE 8, 2021

_____

- ○ _____
- ○ _____
- ○ _____
- ○ _____
- ○ _____
- ○ _____
- ○ _____
- ○ _____
- ○ _____
- ○ _____
- ○ _____

◤ WED · JUNE 9, 2021

_____

- ○ _____
- ○ _____
- ○ _____
- ○ _____
- ○ _____
- ○ _____
- ○ _____
- ○ _____
- ○ _____
- ○ _____
- ○ _____

◼ THU · JUNE 10, 2021

_____

- ◯ _____
- ◯ _____
- ◯ _____
- ◯ _____
- ◯ _____
- ◯ _____
- ◯ _____
- ◯ _____
- ◯ _____
- ◯ _____
- ◯ _____

◼ FRI · JUNE 11, 2021

_____

- ◯ _____
- ◯ _____
- ◯ _____
- ◯ _____
- ◯ _____
- ◯ _____
- ◯ _____
- ◯ _____
- ◯ _____
- ◯ _____
- ◯ _____

◼ SAT · JUNE 12, 2021

_____

◼ SUN · JUNE 13, 2021

_____

◤ MON · JUNE 14, 2021

_____
_____
_____
_____
_____
_____
_____
_____
_____

FLAG DAY

_____

- ○ _____
- ○ _____
- ○ _____
- ○ _____
- ○ _____
- ○ _____
- ○ _____
- ○ _____
- ○ _____
- ○ _____
- ○ _____

◤ TUE · JUNE 15, 2021

_____
_____
_____
_____
_____
_____
_____
_____
_____
_____
_____

_____

- ○ _____
- ○ _____
- ○ _____
- ○ _____
- ○ _____
- ○ _____
- ○ _____
- ○ _____
- ○ _____
- ○ _____
- ○ _____

◤ WED · JUNE 16, 2021

_____
_____
_____
_____
_____
_____
_____
_____
_____
_____
_____

- ○ _____
- ○ _____
- ○ _____
- ○ _____
- ○ _____
- ○ _____
- ○ _____
- ○ _____
- ○ _____
- ○ _____
- ○ _____

THU · JUNE 17, 2021

_____
_____
_____
_____
_____
_____
_____
_____
_____
_____

_____

○ _____
○ _____
○ _____
○ _____
○ _____
○ _____
○ _____
○ _____
○ _____
○ _____
○ _____

FRI · JUNE 18, 2021

_____
_____
_____
_____
_____
_____
_____
_____
_____
_____
_____

_____

○ _____
○ _____
○ _____
○ _____
○ _____
○ _____
○ _____
○ _____
○ _____
○ _____
○ _____

SAT · JUNE 19, 2021

_____
_____
_____
_____
_____
_____
_____
_____
_____
_____

SUN · JUNE 20, 2021

_____
_____
_____
_____
_____
_____
_____
_____

FATHER'S DAY

MON · JUNE 21, 2021

_____
_____
_____
_____
_____
_____
_____
_____
_____
_____
_____

- ○ _____
- ○ _____
- ○ _____
- ○ _____
- ○ _____
- ○ _____
- ○ _____
- ○ _____
- ○ _____
- ○ _____
- ○ _____

TUE · JUNE 22, 2021

_____
_____
_____
_____
_____
_____
_____
_____
_____
_____
_____

- ○ _____
- ○ _____
- ○ _____
- ○ _____
- ○ _____
- ○ _____
- ○ _____
- ○ _____
- ○ _____
- ○ _____

WED · JUNE 23, 2021

_____
_____
_____
_____
_____
_____
_____
_____
_____
_____
_____

- ○ _____
- ○ _____
- ○ _____
- ○ _____
- ○ _____
- ○ _____
- ○ _____
- ○ _____
- ○ _____
- ○ _____

THU · JUNE 24, 2021

_____

- _____
- _____
- _____
- _____
- _____
- _____
- _____
- _____
- _____
- _____
- _____

FRI · JUNE 25, 2021

_____

- _____
- _____
- _____
- _____
- _____
- _____
- _____
- _____
- _____
- _____
- _____

SAT · JUNE 26, 2021

SUN · JUNE 27, 2021

MON · JUNE 28, 2021

- ○
- ○
- ○
- ○
- ○
- ○
- ○
- ○
- ○
- ○
- ○

TUE · JUNE 29, 2021

- ○
- ○
- ○
- ○
- ○
- ○
- ○
- ○
- ○
- ○
- ○
- ○

WED · JUNE 30, 2021

- ○
- ○
- ○
- ○
- ○
- ○
- ○
- ○
- ○
- ○
- ○
- ○

THU · JULY 1, 2021

_____

- ○ _____
- ○ _____
- ○ _____
- ○ _____
- ○ _____
- ○ _____
- ○ _____
- ○ _____
- ○ _____
- ○ _____
- ○ _____

FRI · JULY 2, 2021

_____

- ○ _____
- ○ _____
- ○ _____
- ○ _____
- ○ _____
- ○ _____
- ○ _____
- ○ _____
- ○ _____
- ○ _____
- ○ _____

SAT · JULY 3, 2021

SUN · JULY 4, 2021

INDEPENDENCE DAY

July 2021

SUNDAY	MONDAY	TUESDAY	WEDNESDAY
4 INDEPENDENCE DAY	5	6	7
11	12	13	14
18 National Ice Cream Day	19	20	21
25	26	27	28

Summertime is always the best of
what might be.
                                        - Charles Bowden

THURSDAY	FRIDAY	SATURDAY	NOTES
1	2	3	
8	9	10	
15	16	17	
22	23	24	
29	30	31	

◼ MON · JULY 5, 2021

_____

- ○ _____
- ○ _____
- ○ _____
- ○ _____
- ○ _____
- ○ _____
- ○ _____
- ○ _____
- ○ _____
- ○ _____
- ○ _____

◼ TUE · JULY 6, 2021

_____

- ○ _____
- ○ _____
- ○ _____
- ○ _____
- ○ _____
- ○ _____
- ○ _____
- ○ _____
- ○ _____
- ○ _____
- ○ _____

◼ WED · JULY 7, 2021

_____

- ○ _____
- ○ _____
- ○ _____
- ○ _____
- ○ _____
- ○ _____
- ○ _____
- ○ _____
- ○ _____
- ○ _____
- ○ _____

THU · JULY 8, 2021

○
○
○
○
○
○
○
○
○
○
○

FRI · JULY 9, 2021

○
○
○
○
○
○
○
○
○
○
○

SAT · JULY 10, 2021

SUN · JULY 11, 2021

▶ MON · JULY 12, 2021

- ○
- ○
- ○
- ○
- ○
- ○
- ○
- ○
- ○
- ○
- ○

▶ TUE · JULY 13, 2021

- ○
- ○
- ○
- ○
- ○
- ○
- ○
- ○
- ○
- ○
- ○

▶ WED · JULY 14, 2021

- ○
- ○
- ○
- ○
- ○
- ○
- ○
- ○
- ○
- ○
- ○

THU • JULY 15, 2021

○
○
○
○
○
○
○
○
○
○
○
○

FRI • JULY 16, 2021

○
○
○
○
○
○
○
○
○
○
○

SAT • JULY 17, 2021

SUN • JULY 18, 2021

MON · JULY 19, 2021

_____

- ○ _____
- ○ _____
- ○ _____
- ○ _____
- ○ _____
- ○ _____
- ○ _____
- ○ _____
- ○ _____
- ○ _____
- ○ _____
- ○ _____

TUE · JULY 20, 2021

_____

- ○ _____
- ○ _____
- ○ _____
- ○ _____
- ○ _____
- ○ _____
- ○ _____
- ○ _____
- ○ _____
- ○ _____
- ○ _____

WED · JULY 21, 2021

_____

- ○ _____
- ○ _____
- ○ _____
- ○ _____
- ○ _____
- ○ _____
- ○ _____
- ○ _____
- ○ _____
- ○ _____
- ○ _____

■ THU · JULY 22, 2021

_____

- ○ _____
- ○ _____
- ○ _____
- ○ _____
- ○ _____
- ○ _____
- ○ _____
- ○ _____
- ○ _____
- ○ _____
- ○ _____

■ FRI · JULY 23, 2021

_____

- ○ _____
- ○ _____
- ○ _____
- ○ _____
- ○ _____
- ○ _____
- ○ _____
- ○ _____
- ○ _____
- ○ _____
- ○ _____

■ SAT · JULY 24, 2021

■ SUN · JULY 25, 2021

◼ MON · JULY 26, 2021

_____

- _____
- _____
- _____
- _____
- _____
- _____
- _____
- _____
- _____
- _____
- _____

○ _____
○ _____
○ _____
○ _____
○ _____
○ _____
○ _____
○ _____
○ _____
○ _____
○ _____

◼ TUE · JULY 27, 2021

_____

- _____
- _____
- _____
- _____
- _____
- _____
- _____
- _____
- _____
- _____
- _____

○ _____
○ _____
○ _____
○ _____
○ _____
○ _____
○ _____
○ _____
○ _____
○ _____
○ _____

◼ WED · JULY 28, 2021

_____

- _____
- _____
- _____
- _____
- _____
- _____
- _____
- _____
- _____
- _____
- _____

○ _____
○ _____
○ _____
○ _____
○ _____
○ _____
○ _____
○ _____
○ _____
○ _____
○ _____

■ THU · JULY 29, 2021

_____

- ○ _____
- ○ _____
- ○ _____
- ○ _____
- ○ _____
- ○ _____
- ○ _____
- ○ _____
- ○ _____
- ○ _____
- ○ _____

■ FRI · JULY 30, 2021

_____

- ○ _____
- ○ _____
- ○ _____
- ○ _____
- ○ _____
- ○ _____
- ○ _____
- ○ _____
- ○ _____
- ○ _____
- ○ _____

■ SAT · JULY 31, 2021

■ SUN · AUGUST 1, 2021

Made in the USA
Middletown, DE
24 August 2020